Guildo Horn

Songbuch

SONGS - FOTOS - POSTER

KDM

Cover-Design: Nele Ellerich, Duisburg
Notensatz: Robert Bollmann, Buchen
Fotonachweis:
Ullstein Bilderdienst:
Seite 7, 29, 58, 59, 64, Poster 1. Seite
action press: Seite 19, 43 und Poster 4. Seite
PPM-Max Kohr: Poster Innenseite
Druck: Kupijai & Prochnow, Berlin
Printed in Germany
ISBN 3-932051-99-8
ISMN M-50105-051-2
Bestell-Nr. 20984-199

Inhaltsverzeichnis

Aber bitte mit Sahne

Musik: Udo Jürgens
Text: Eckehard Hachfeld / Wolfgang Spar
Rhythmus: 8-Beat
Tempo: Moderato

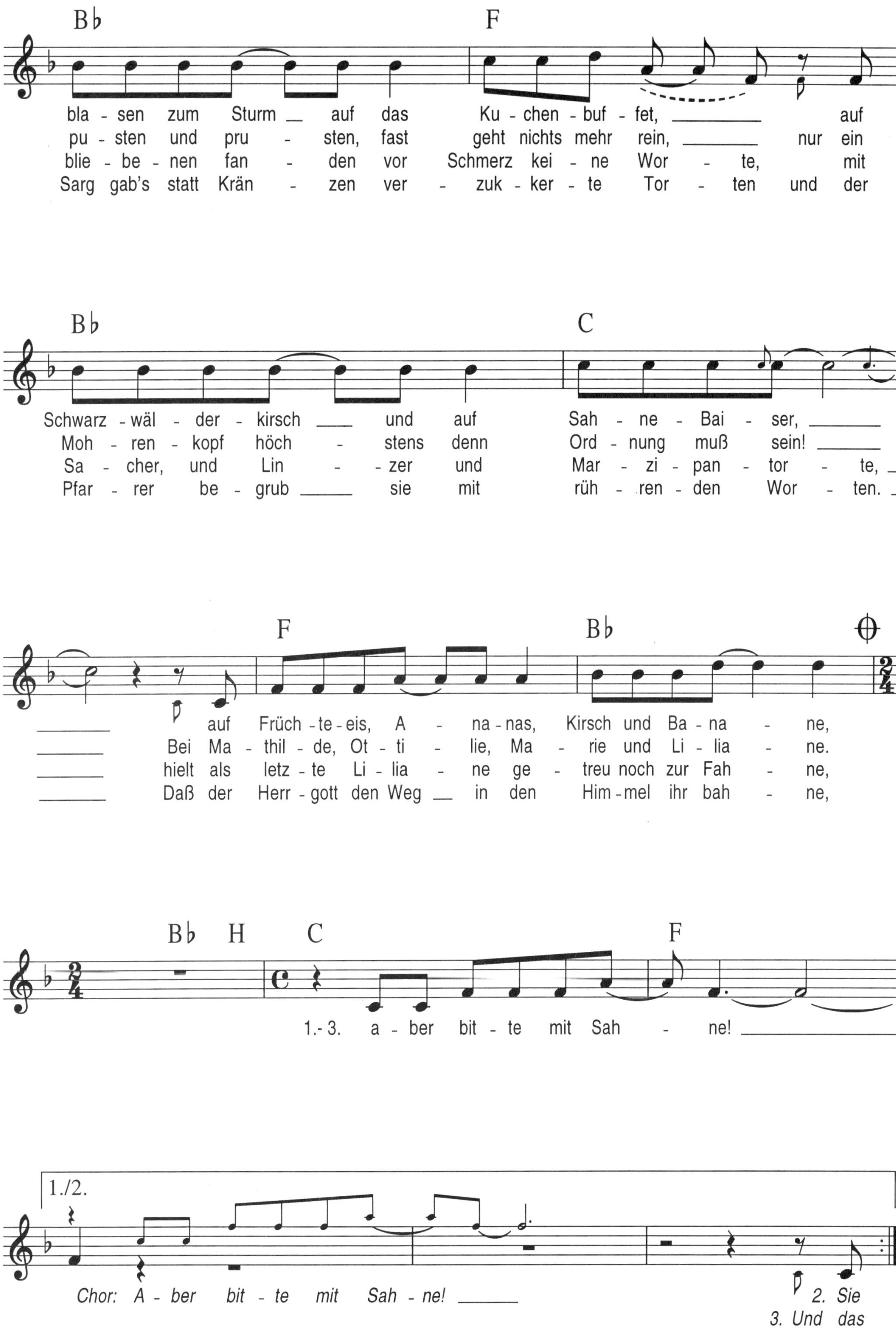
B♭ F
bla - sen zum Sturm auf das Ku - chen - buf - fet, auf
pu - sten und pru - sten, fast geht nichts mehr rein, nur ein
blie - be - nen fan - den vor Schmerz kei - ne Wor - te, mit
Sarg gab's statt Krän - zen ver - zuk - ker - te Tor - ten und der
B♭ C
Schwarz - wäl - der - kirsch und auf Sah - ne - Bai - ser,
Moh - ren - kopf höch - stens denn Ord - nung muß sein!
Sa - cher, und Lin - zer und Mar - zi - pan - tor - te,
Pfar - rer be - grub sie mit rüh - ren - den Wor - ten.
F B♭
auf Früch - te - eis, A - na - nas, Kirsch und Ba - na - ne,
Bei Ma - thil - de, Ot - ti - lie, Ma - rie und Li - lia - ne.
hielt als letz - te Li - lia - ne ge - treu noch zur Fah - ne,
Daß der Herr - gott den Weg in den Him - mel ihr bah - ne,
B♭ H C F
1.- 3. a - ber bit - te mit Sah - ne!
1./2.
Chor: A - ber bit - te mit Sah - ne!
2. Sie
3. Und das

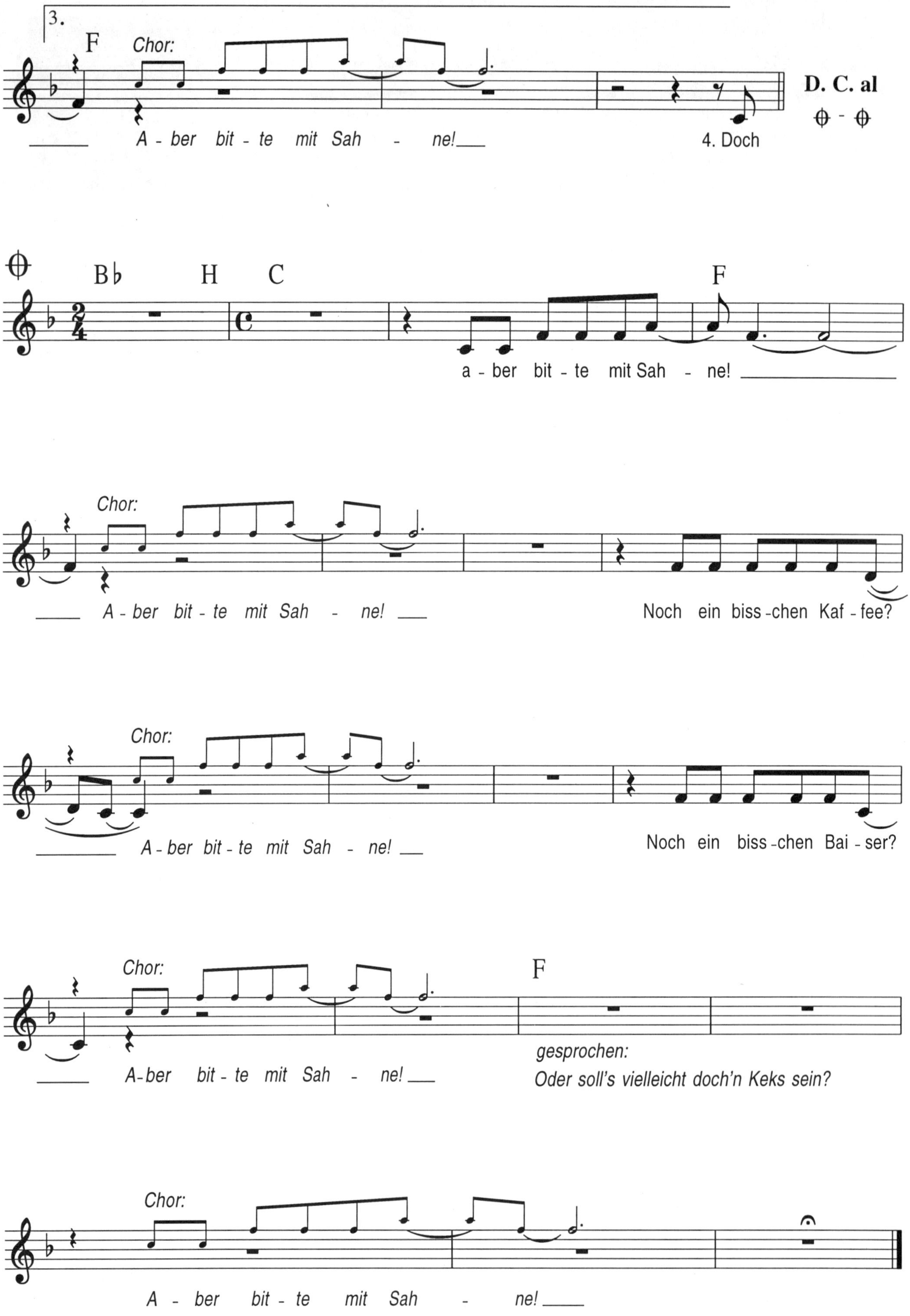
3.
F
Chor:
A - ber bit - te mit Sah - ne!
4. Doch
D. C. al 𝄌 - 𝄌
𝄌
B♭ H C F
a - ber bit - te mit Sah - ne!
Chor:
A - ber bit - te mit Sah - ne!
Noch ein biss - chen Kaf - fee?
Chor:
A - ber bit - te mit Sah - ne!
Noch ein biss - chen Bai - ser?
Chor:
F
A - ber bit - te mit Sah - ne!
gesprochen:
Oder soll's vielleicht doch'n Keks sein?
Chor:
A - ber bit - te mit Sah - ne!

Barfuß im Regen

Musik: Giorgia Moroder
Text: Michael Holm
Rhythmus: 8-Beat
Tempo: Medium

2. Barfuß im Regen, naß bis auf die Haut,
doch wir lachen nur beide darüber.
Ich war lange fort, fast eine Ewigkeit
doch nun habe ich dich endlich wieder.
Leute gehn vorbei, sie dreh'n sich alle um
und wir singen und singen und singen,
Barfuß im Regen, glücklich wie noch nie
und wir tanzen und tanzen und tanzen.

Christkind

Musik u. Text: : Hoppla! B. Benito / Roland GaRoss / Guildo Horn

Rhythmus:

Tempo: ♩ = 84

Em Gsus C
weißt von mei-nem Traum, du hörst mir zu, wenn ich leis mit dir re - de.
F Em Dm
Christ - kind, Christ - kind leg mir was un-ter'm Baum! Ich war das gan - ze Jahr ein bra - ves
G F C/E Dm G 1. C F/C C F/C
Kind! D'rum will ich dir ver - trau'n. 2. Wenn
2. C G/C C G/C F G4 G
trau'n. La - la - la - la - la - la das Christ - kind weiß ge - nau
C G/C C Cj7 F
wer sei - ne Freun - de sind, warst du ein bra - ves Kind? Dann kriegst du was das
G4 G C G/C C Cj7
Christ - kind weiß ge - nau hol dei - nen Weih-nachts-traum un - ter den Weih-nachts-baum da
F G4
fin - dest du's das Christ - kind weiß ge - nau
C G/H Am C/G F G4
repeat and fade
das Christ - kind weiß ge - nau

Danke

Musik: Michael Schneider / Jake Diamond
Text: Johannes Kram / Jake Diamond / Michael M. Schneider
Rhythmus: Swing
Tempo: Medium

Refrain
B♭ E♭/B♭
Dem Him - mel sag ich Dan - ke da - für lieb von Euch
F/A F E♭ B♭
nett von dir Der
E♭/B♭
Him - mel weiß ich dan - ke da - für. hier bin ich
F/A F E♭ E♭m
denn da seid ihr.
D.S. al
(senza rep.)
E♭ E♭m
Schau mal her
B♭ E♭m B♭ E♭m
o - ho - ho denn ich bin hier o - ho - ho ganz nah bei
B♭/D C E♭m
dir o - ho - ho - ho Dan - ke dan - ke
D.S.
Repeat Refr. and fade

Der Mann im Mond

Musik u. Text: Jake Diamond
Rhythmus: 8-Beat-Ballade
Tempo: ♩ = 76

2. Wo du wohl grad sein magst auf diesem Planet.
Ich bet' zu den Sternen, daß es dir an nichts fehlt.
Schlafe, du Zauberwesen, du wirst heute gut bewacht,
der Mond und alle Himmelskörper wiegen deine Träume durch die Nacht.

Refrain: Hey, was hab ich dich fern ...

Refrain: *Instrumental*

Refrain: Hey, was hab ich dich fern ...

Amarillo (Is his the way to)

Musik u. Text: Neil Sedaka / Howard Greenfield
Rhythmus: Pop
Tempo: Moderato

D7
Eb
ing for me there. Ev - 'ry lone - ly ci -
ing to see her. Just be - yond the high -
Bb
Eb
Bb
ty where I hang my hat
way there's an op - en plain
Eb
Bb
ain't as half as pret - - ty as
and it keeps me go - - ing
Am7
D7
G
where my ba - by's at. Is this the way to Am -
thru' the wind and rain.
C
G
C
D7
a - ril - lo? Ev - 'ry night I've been hug - ging my pil - low,
G
C
G
D7
dream - ing dreams of Am - a - ril - lo and sweet Ma - rie who waits

G C
for me. Show me the way to Am - - a - ril - lo,
G C D7 G
I've been weep - in' like ___ a wil - low, cry - ing- ov - er Am -
C G D7 G
a - ril - lo and sweet Ma - rie who waits ___ for me
G C G
Sha - la - la la la ___ la la la Sha - la - la la - la ___
D7 C G
___ la la la. Sha - la - la la la ___ la la la.
D7 1. G 2. G
And Ma - rie who waits ___ for me. for me.
D. S.
fade out

Der Mutter zum Gruße

Musik: Hoppla! B. Benito / Michael Maria Schneider
Text: Hoppla! B. Benito
Rhythmus: Swingwaltz
Tempo: ♩ = 106

Jede Strophe eine Halbton höher!

2. Heiß und kalt lief's mir da den Rücken herab, bis zu den Zehen.
Wie konnte ich das nur vergessen, den Tag an dem wir Mutter ehren!?
Bilder vergessener Kindertage sie strömten mir durch den Kopf:
Ihr Herz aus Gold und Marmelade, Sonntags gab's Rosinenzopf
"Ey, Barman, eine Frage: liebst du deine Mutter sehr?",
der Barmann seufzte "Über alles!" Und mein Herz wurd' mir schwer.

Refrain: Hast du deiner Mutter denn schon Blumen gebracht ...

3. Ich sprang auf ohne zu zahlen. Wichtiger konnte jetzt nichts sein.
Tränen waren in meinen Augen, ich rief: Mutti, ich komm heim!
Vater öffnet mir die Türe, freudig strahlt da sein Gesicht:
"Gott sei Dank, daß du kommst, Junge ... Mutti wartet schon auf dich!"
Ich nahm ihre Hände. "Ma - ich hab dich vermißt!"
Ihre Augen sagten leise: "Schön, daß du gekommen bist!"

Refrain: *Instrumental (2x)*

Refrain: Hast du deiner Mutter denn schon Blumen gebracht ... (2x)

Dschinghis Khan

Musik: Ralph Siegel
Text: Berd Meinunger
Rhythmus: 8-Beat / Disco
Tempo: Moderato

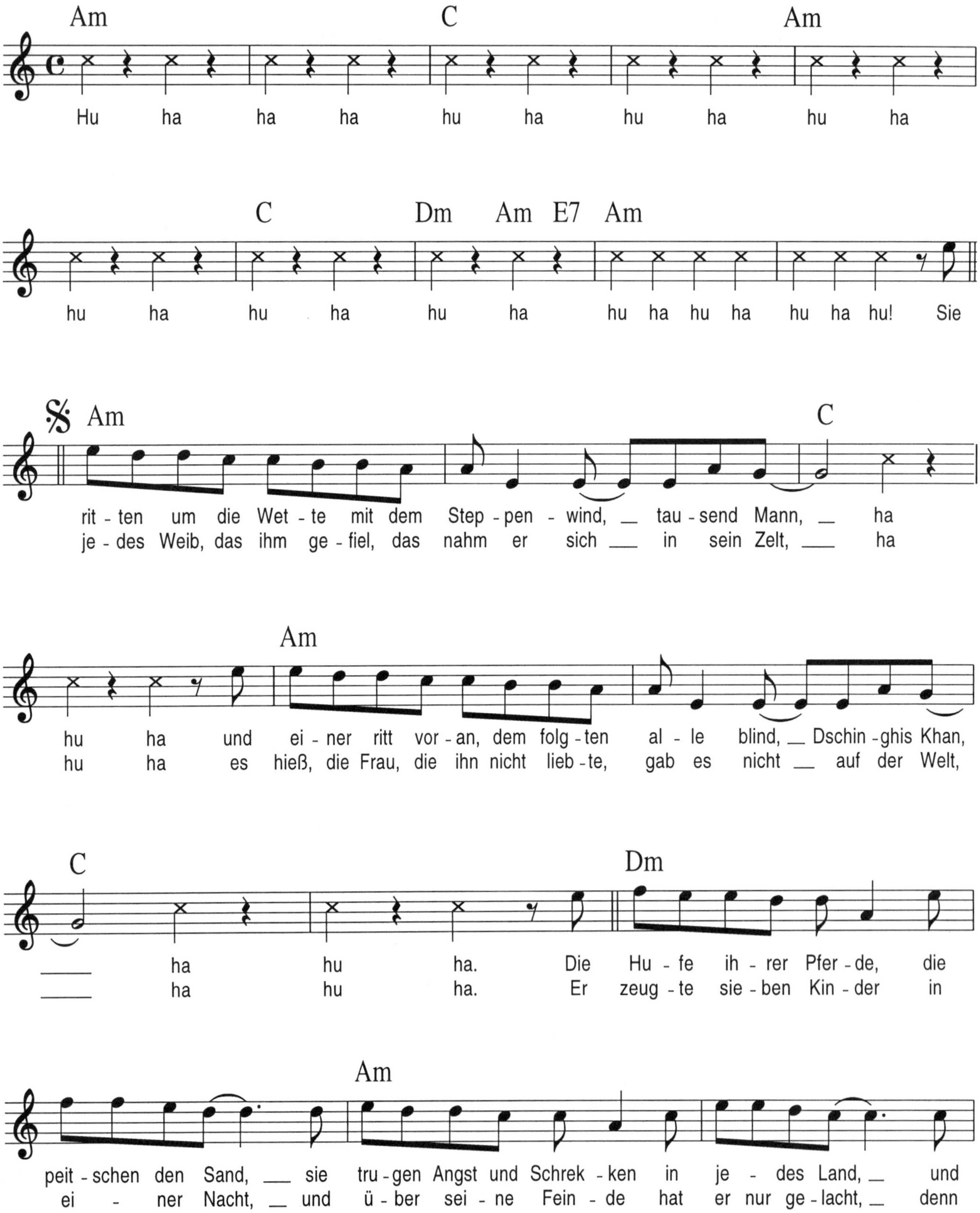

Dm D♯° E
we - der Blitz noch Don - ner hielt sie auf. Hu ha
sei - ne Kraft konnt' kei - ner ü - ber - steh'n. Hu ha
Am C
1.- 2. Dschin Dschin Dschin - ghis Khan, he Rei - ter, ho Leu - te, he Rei - ter im - mer wei - ter
Am C
Dschin Dschin Dschin - ghis Khan, auf Brü - der, sauft Brü - der,
he Män - ner, ho Män - ner,
Dm
rauft Brü - der, im - mer wei - ter, laßt doch Wod - ka ho - len,
tanzt Män - ner, so wie im - mer, und man hört ihn la - chen,
who the fuck is Dschin - ghis Khan?
Am Dm
denn wir sind Mon - go - len,
im - mer lau - ter la - chen,
who the fuck is Dschin - ghis Khan,
und der Teu - fel
und er leert den
1. D♯° E
kriegt uns früh ge - nug.
2. E (E7 E5+ E) Am
Krug in ei - nem Zug.
Und
D. S. al
con Rep.
E (E5+/9 E7) Am
Krug in ei - nem Zug!
Hu ha hu ha hu!

Ein Lied kann eine Brücke sein

Text u. Musik: R. Pietsch / M. Holm
Rhythmus: Medium Beat
Tempo: Moderately Slow

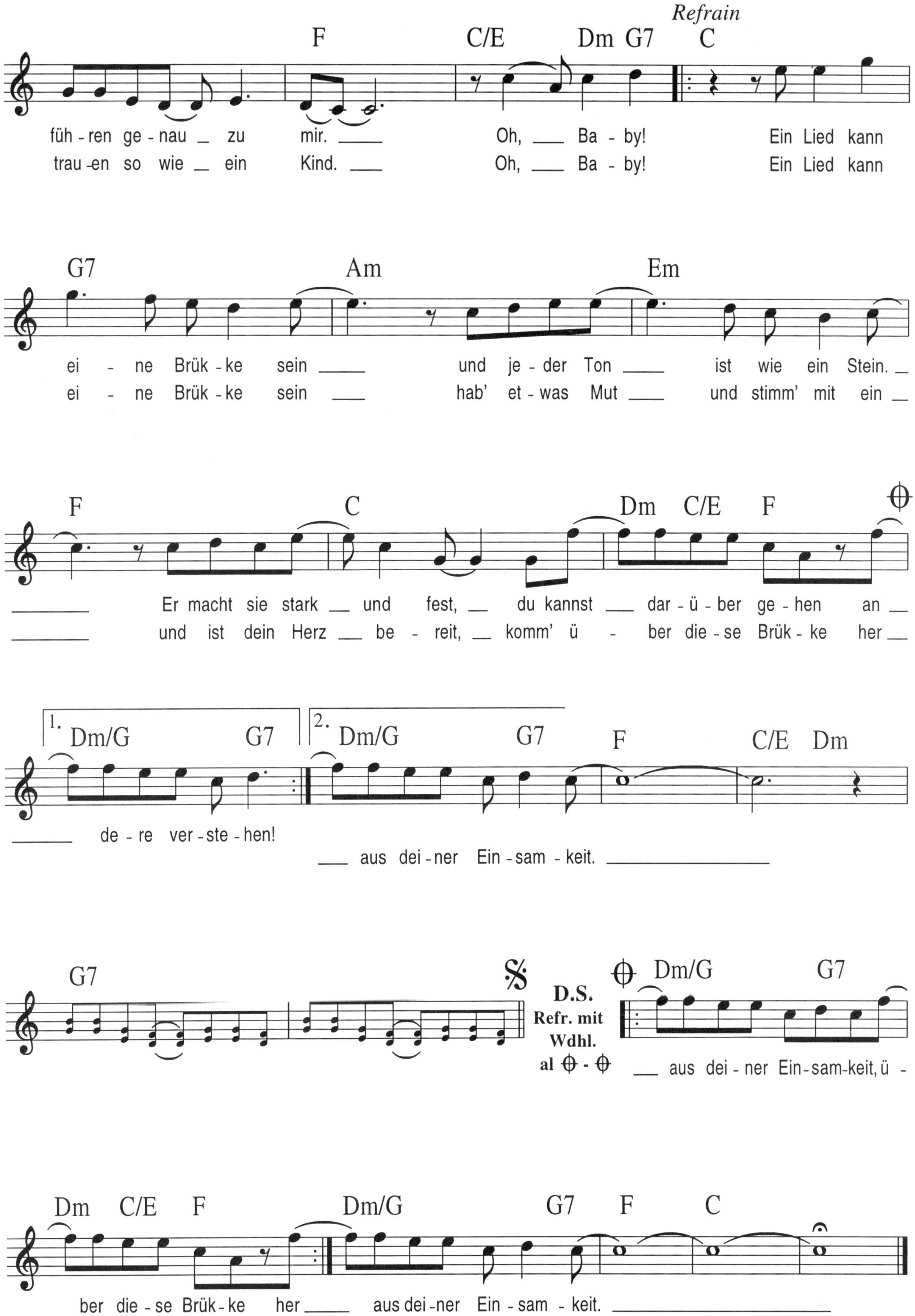
F C/E Dm G7
Refrain
C
füh - ren ge - nau _ zu mir. ___ Oh, ___ Ba - by! Ein Lied kann
trau -en so wie _ ein Kind. ___ Oh, ___ Ba - by! Ein Lied kann
G7 Am Em
ei - ne Brük - ke sein ___ und je - der Ton ___ ist wie ein Stein. _
ei - ne Brük - ke sein ___ hab' et - was Mut ___ und stimm' mit ein _
F C Dm C/E F
___ Er macht sie stark _ und fest, _ du kannst ___ dar - ü - ber ge - hen an _
___ und ist dein Herz _ be - reit, _ komm' ü - ber die - se Brük - ke her _
1. Dm/G G7
2. Dm/G G7 F C/E Dm
___ de - re ver - ste - hen!
___ aus dei - ner Ein - sam - keit. ___
G7
D.S.
Refr. mit
Wdhl.
al
Dm/G G7
___ aus dei - ner Ein-sam-keit, ü -
Dm C/E F Dm/G G7 F C
ber die - se Brük - ke her ___ aus dei - ner Ein - sam - keit. ___

Guildo hat euch lieb

Musik u. Text: Alf Igel / Guildo Horn
Rhythmus: Rock / 8-Beat
Tempo: ♩ = 128

D Hm7
da wur-de knud-deln_und knut - schen und lie - ben
Em7 Asus Gj7
im - mer groß ge-schrie - ben.
Ich denk gern zu -
Dj7 Fj7 Hm Em7
rück an die Zeit voll Har-mo-nie und Glück als ich täg -
C7
lich in ein Po - e - sie - al - bum schrieb:
Em7 Asus
"Piep, piep, piep, ich hab dich lieb!"
D.S. al ⊕ - ⊕
(2. Strophe)
D Hm7 Em7
Guil - do hat euch lieb und wenn's auch mal Trä - nen gibt
Asus D Hm7
kommt er rü - ber und singt für euch Lie - der

Em7 Asus D Hm7
(Kuhglocken)
Guil - do hat euch lieb
Em7 Asus Gj7 Dj7 Fj7
Ich denk gern zu - rück an die Zeit
Hm Em7 C7
voll Har-mo-nie und Glück als ich täg - lich in ein Po - e - sie -
Em7 Asus
D.S. al
al-bum schrieb: "Piep, piep, piep, ich hab dich lieb!"
B♭sus E♭ Cm
im - mer wie - der Guil - do hat uns lieb o - ho Guil -
Fm7 B♭sus E♭
do hat euch lieb Guil - do hat uns lieb
Cm7 Fm7 B♭sus E♭
3
hey, hey, Guil - do hat euch lieb.

Halte fest, den der dich liebt

Musik u. Text: Joe Tex
Dt. Text: Michael Holm / Kurt Hertha
Rhythmus: Slowfox
Tempo: Moderato

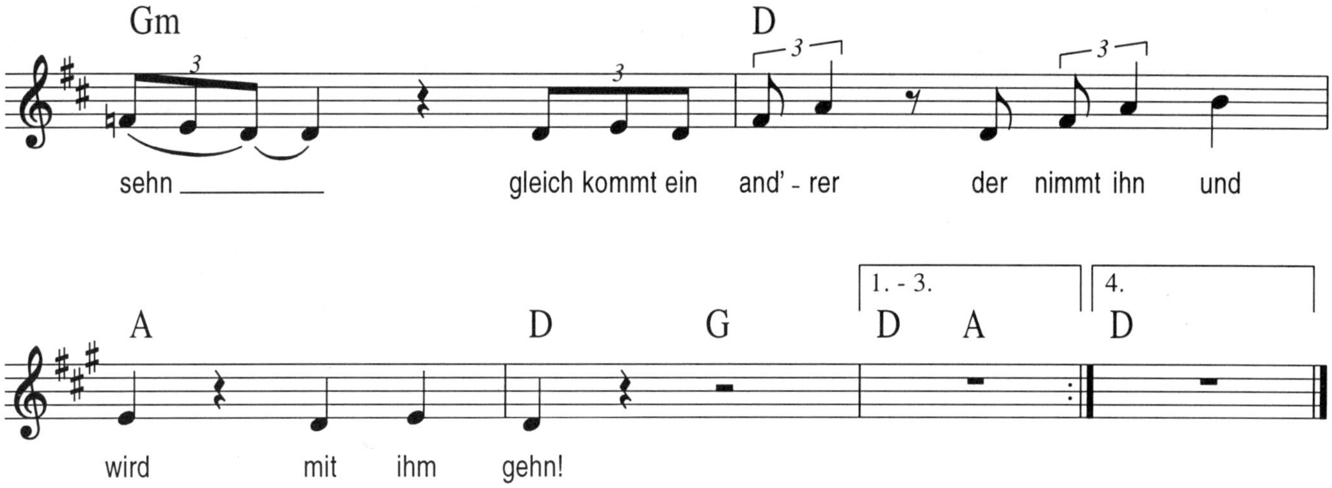

Gesprochen:

2. *Tja, mein Freund, so beginnt das Spiel: du siehst ein Mädchen und verliebst dich und dann soll sie für immer bei dir bleiben und keine anders zählt mehr für dich. Aber - wenn ein paar Jahre vergangen sind, bemerkst du auf einmal die süße Blondine, die neben dir im Bus sitzt oder eine neue Sekretärin, die in deinem Büro arbeitet. Und wenn du mal mit deiner Frau fort gehst, dann siehst du nicht wie sehr sie anderen gefällt. Du glaubst, kein Mann würde sie begehren und daß du eine falsche Wahl getroffen hast, damals ... paß auf!*

Wenn du denkst ...

Gesprochen:

3. *Nein, ihr Mädchen seid auch nicht viel beser. Du blätterst in einer Illustrierten in der Geschichten stehn von Männer, die ihre Frauen verwöhnen, jeden Tag Blumen nach Hause bringen, die teure Kleider und Schmuck schenken. Und du fragst dich: warum macht deiner dir nie eine kleine Überraschung? Du vergißt manchmal sogar deinen Geburtstag. Wenn du dann mit deinem Mann fortgehst, dann bemerkst du nicht, wie sehr er anderen gefällt, du glaubst, keine Frau würde ihn begehren, und daß du eine falsche Wahl getroffen hast, damals ... paß auf!*

Gesungen:

Wenn du denkst niemand will ihn, dann schmeiß ihn doch raus auf die Straße
und du wirst sehen: gleich kommt ein Mädchen, das nimmt ihn und wird mit ihm gehen ...
und darum sag ich:

4. Repeat Vers 1

Ich find Schlager toll
(I Love Rock 'n' Roll)

Musik u. Text: A. Merrill / J. Hooker
Rhythmus: 8-Beat / Rock

2. Im Plattenladen brauch ich nicht viel Geld: Schlagermusik kostet nicht die Welt.
Die Mutti find das schön. Sie kann mich gut verstehn und komm ich dann nach Haus,
sagt sie: gib her, gib her! Sie holt Kuchen, ich setz Kaffee auf.
Das tut gut und ich sing: ich find Schlager toll ...

3. *Instrumental*
Wer hat heut schon Zeit für etwas Zärtlichkeit?
Und ist die Platte aus will ich noch mehr von
Jürgens, Ebstein, Anders, Black und Kraus, die sind gut!
Sie singen: ich find Schlager toll ... (repeat Refrain)

Ich hör Bouzoukis spielen

Musik u. Text: Hoppla! B. Benito / Roland GaRoss / Guildo Horn
Rhythmus: Sirtaki
Tempo: ♩ = 162

2. Kühl schmeckt der Wein,
trotzdem schürt er doch die Flamme unserer Liebe.
Heiß ist die Glut, voller Traurigkeit das Ende aller Lieder.
So singen sie bis zum Morgengrauen die Weisen ihrer Ahnen
bis dann der letzte Tanz verstummt, dann kehren alle heim.

Refrain: Ich hör Bouzoukis spielen bei Tag und Nacht hört man sie singen,
Ich hör Bouzoukis spielen bei Tag und Nacht hört man sie klingen,
lei lei lei ...

Ich mag Steffi Graf

Musik: Barry, Robin & Maurice Gibb
Text: Hoppla! B. Benito / Guildo Horn
Rhythmus: Ballade
Tempo: ♩ = 100

2. Steffi, ich mag dich, du ich brauch keinen Boris, ich brauch keinen Stich,
du spuckst nie auf den Court und brüllst nie rum, verlierst niemals dein Gesicht.
Und wenn dann der erste Matchball kommt und du siegst mit 'nem Rückhand ... return,
egal welcher Belag: ich mag Steffi Graf...

3. nanana...
darüber gesprochen: Hey Steffi, ich mag dich, du bist so weich bespannt
und doch schlägt keine härter auf als du.
gesungen: Und wenn der erste Matchball kommt...

(Repeat Refrain)

Küss mich
(Der Frosch aus dem Märchen)

Musik u. Text: Conolly / Priest / Scott / Tucker
Dt. Text: Jake Diamond
Rhythmus: 8-Beat / Rock
Tempo: ♩ = 168

2. Ich würde gerne eine Weile, es hat keine Eile, oh Baby, Baby ... ewig wart ich nicht!
Komm und erlös mich schon, ich bin ein Königssohn, will kein Frosch mehr sein!
Nur daß du mich küßt.

Komm küss mich ...

Living Next Door To Alice

(Tür an Tür mit Alice)

Text und Musik: Nicky Chionn / Mike Chapman
Deutscher Text: Fred Jay
Rhythmus: Medium Beat
Tempo: Moderato

G
Don't know why she's leav - ing or where she's gon - na go ___ I
C
guess she's got her rea - sons but I just don't want to know. 'Cos for
D G
twen - ty - four years I've been liv - ing next door to A - lice. __
D7 G
Twen - ty - four years just wait - ing for the chance ___ to
C
tell her how I feel and may - be get a se - cond glance, now I've
D C G D7
got to get __ used to not liv - ing next door to A - lice. ___ 2. We

2. We grew up together two kids in the park.
We carved our initials deep in the bark,
me and Alice.
Now she walks through the door with her head held high.
just for a moment I caught her eye.
A big limousine pulled slowly out of Alice's drive.

Don't know why she's leaving ...

Tür an Tür mit Alice

*1. Ein Freund rief an, mit leisem Ton sagte er:
"Du weißt wohl schon, du weißt wohl schon von Alice".
Und ich eilte zum Fenster, schaute hinaus,
ein Möbelwagen stand vor dem Haus.
Ich glaubte, daß ich nicht richtig sah,
dann auch Alice war da.*

*Ich weiß nicht, wo sie hingeht, woran es liegen kann.
sie hat wohl ihre Gründe, und es geht mich auch nichts an.
Doch seit ewiger Zeit leb' ich Tür an Tür mit Alice.
Fast jeden Tag traf ich sie im Flur,
ich grüßte jedes Mal, doch sie lächelte nur.
Es ist schwer - ich leb' nicht mehr Tür an Tür mit Alice.*

*2. Warum ich wohl nie zu ihr fand,
dabei trennt mich nur eine Wand,
oh, eine Wand trennte mich von Alice.
Warum habe ich ihr nie eine Frage gestellt
und ich nie gesagt, wie sehr sie mir fehlt.
Ich sah das Lächeln auf ihrem Gesicht,
und doch tat ich es nicht.*

Ich weiß nicht, wo sie hingeht, ...

Mendocino

Orginaltext u. Musik: Douglas Sahm
Deutscher Text: Michael Holm
Tempo: Moderato

2. Like I told you, can you dig it?
If you want to groove I'll be glad to have you
I love you so, please don't go,
please stay here with me in Mendocino.
Mendocino, Mendocino.
Where lifes such a groove
you blow your mind in the morning.
We used to walk through the park,
make love along the way in Mendocino.

1. Auf der Straße nach San Fernando,
da stand ein Mädchen wartend in der heißen Sonne.
Ich hielt an und fragte: "Wohin?"
Sie sagte: "Bitte nimm mich mit nach Mendocino."

2. Ich sah ihre Lippen, ich sah ihre Augen.
Die Haare gehalten von zwei goldenen Spangen.
Sie sagte, sie will mich gern wiederseh'n,
doch dann vergaß ich leider ihren Namen.

Refrain: Mendocino, Mendocino, ich fahre jeden Tag nach Mendocino;
an der Tür klopfte ich an,
doch keiner kennt mein Girl in Mendocino.

3. Tausend Träume bleiben ungeträumt.
Und tausend Küsse kann ich ihr nicht schenken.
Ich gebe nicht auf und suche nach ihr
in der heißen Sonne von Mendocino.

Refrain: Mendocino, Mendocino, ...

Mit dem Wind fing uns're Liebe an

(Sie war schon beinah zu Ende ...)

Musik u. Text: Hoppla! B. Benito / Roland GaRoss / Guildo Horn
Rhythmus: 8-Beat
Tempo: ♩ = 116

2. Du, für dich, war's ein spiel, eine Romanze, die dir gut gefiel.
Gestern erfuhr ich: du gehörst schon lange einem Andern.
Statt Liebe und Zärtlichkeit sind Tränen alles was mir noch bleibt.
Ich hör den Wind, der ruft immer noch leis' deinen Namen.

Refrain: Mit dem Wind fing uns're Liebe an ... (2x)

Repeat Intro and fade out

Schön ist es, auf der Welt zu sein

Musik: Werner Twardy
Text: Lilibert
Rhythmus: Foxtrot

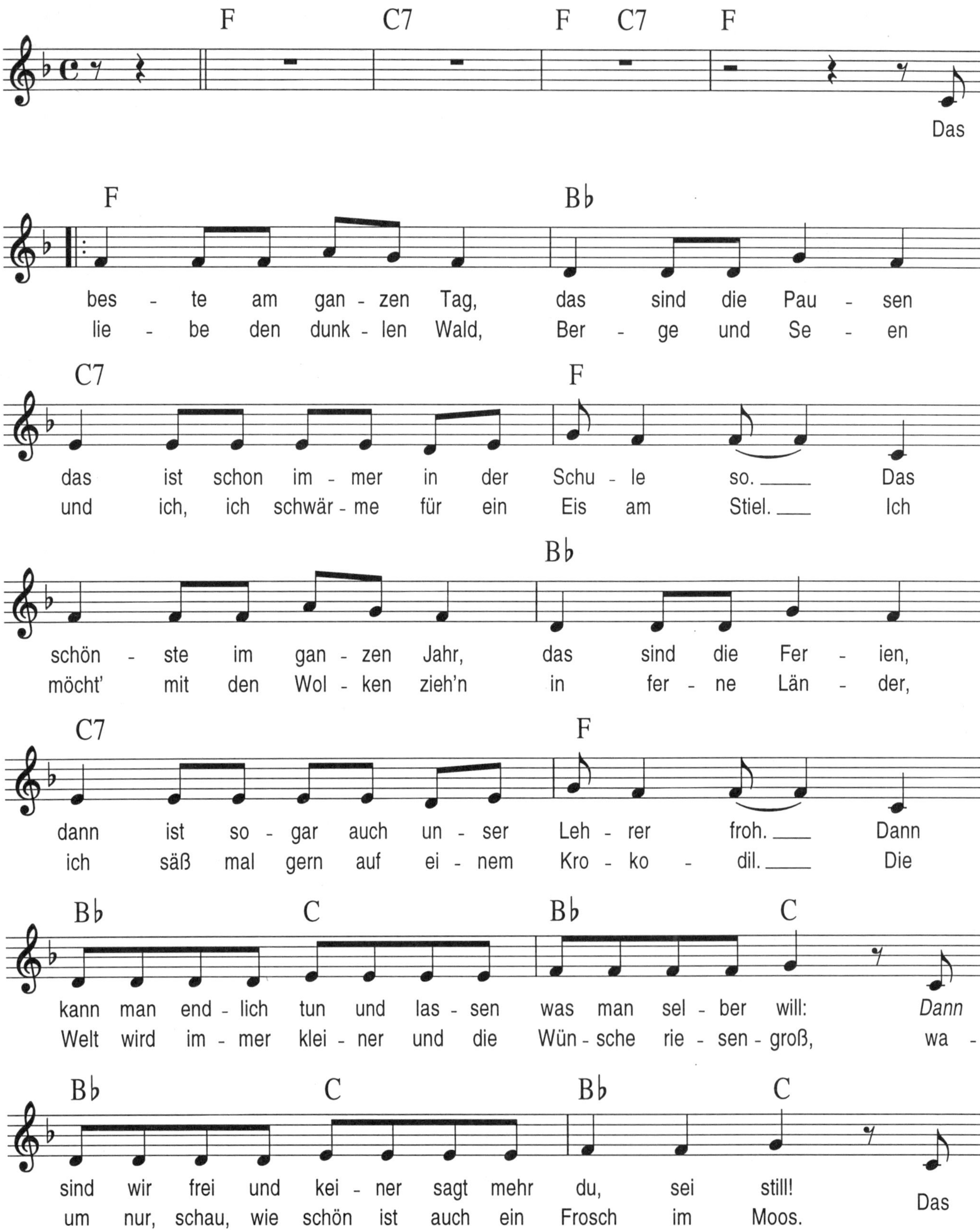

F F7 B♭ C7
schön - ste im Le - ben ist die Frei - heit, denn dann sa - gen wir: Hur - ra!
Refrain
F
Schön ist es auf der Welt zu sein,
C7 F
wenn die Son - ne scheint für groß und klein, du kanns at - men,
C7 F
du kannst geh'n, dich an al - lem freu'n und al - les seh'n.
F C7
Schön ist es auf der Welt zu sein, sagt die Bie - ne zu dem
F B♭
Sta - chel - schwein, du und ich, wir stim - men ein.
C7 F
Schön ist es, auf der Welt zu sein.
F C7 F C7 1. F 2. F
Ich

Siebzehn Jahr, blondes Haar

Musik: Udo Jürgens
Text: Udo Jürgens / Thomas Hörbiger
Rhythmus: Medium Beat
Tempo: Moderato

G Em Am D E7
Sieb - zehn Jahr, __ blon - des Haar, __ wie find' ich zu ihr? __
A F♯m Hm E7 A
Sieb - zehn Jahr, __ blon - des Haar, __ so stand sie vor mir! Sieb - zehn Jahr, __
F♯m Hm E G C
blon - des Haar, __ wie find' ich zu ihr? Sie hat mich an - ge - lacht
Am F G Em
und war vor - ü - ber, da war's um mich ge - scheh'n,
F G7 C Am
oh, oh! Men - schen, wo - hin ich schau'! Groß - stadt - ge - trie - be,
F G7 C E7 A
und ü - ber - all such' ich sie, sie. Sieb - zehn Jahr, __
Sieb - zehn Jahr, __
F♯m Hm E7 A C H B♭ A
blon - des Haar, __ so stand sie vor mir!
blon - des Haar, __ wie find' ich zu ihr?
3

Ode an die Mütter

Musik: Michael Maria Schneider / Guildo Horn
Text: Eva Rechlin, aus dem Gedicht "Zum Muttertag"

Gesprochen:

Ich wäre nie gewaschen und meistens nicht gekämmt,
die Strümpfe hätten Löcher und schmutzig wär mein Hemd..
Ich hätte schwarze Füße! Die Zähne: schwarz wie Ruß,
und bis zu beiden Ohren den Mund voll Pflaumenmus.
Ich könnte auch nicht schlafen, wenn du nicht manchmal kämst
und mich dann, wenn ich träume, in deine Arme nähmst.
Oh, Mütterlein! In Ehren will ich dich halten fein:
Auf ewig sollst du wohnen in meinem Herzilein ...

... ich hätte schwarze Füße!

Skateboardrebell (Für Alexander Möbius)

Musik u. Text: Hoppla! B. Benito / Roland GaRoss / Guildo Horn

Tempo: ♩ = 200

F
a u - a u - a Skate - board - re - bell.
1.
C G B♭ F C G B♭ F
hey hey hey
2.
C F7
Skate - board - girl in mei - ner Su - per - world
B♭ C
da ist Platz für uns zwei.
C F7
Skate - board - girl in mei - ner Su - per - world
B♭ C
da ist Platz für uns zwei.
C G B♭ F C G B♭ F
hey hey hey
hey hey hey
Skateboardrebell!

Und dabei liebe ich euch beide

Musik: Jack White
Text: Jon Athan
Rhythmus: 8-Beat-Ballade
Tempo: ♩ = 69

2. Sag Vati, warum bringst du mich nicht öfter mal nach Haus und kommst noch ein Weilchen mit zu uns rein?
Die Mutti wirft dich doch bestimmt nicht einfach wieder raus und wir könnten wieder mal zu dritt sein.
Aber du sagst mir, daß es nicht geht, weil irgend etwas zwischen euch steht!
Und dabei liebe ich euch beide ...

Wenn ich einen Tag ein Mädchen wär

Musik u. Text: Jake Diamond
Rhythmus: 8-Beat
Tempo: ♩ = 152

2. Ja dann wüßt ich was Erfolg hat, worauf die Mädchen denn nun so stehn,
ob auf Fußball oder Blumen, mit welcher Sorte Männer sie gehen.
Wenn ich vor 'ner Schönheit steh', sieht sie mich wie ich sie seh,
ja dann stell ich mir Fragen:
ich wüßt gern wie's wär wenn ich nur einen Tag ein Mädchen wär...

Refrain (2x)
Repeat Intro and fade out

Wunder gibt es immer wieder

Musik: Christian Bruhn
Text: Günter Loose
Rhythmus: Slow Beat
Tempo: Medium

Gm Ab Eb4 Bb7
3
Glück schon vor der Tür!
Ei - nen, der sie liebt.
Ab Bb7 Gm Cm
Wun - der gibt es im - mer wie - der, heu - te o - der
Fm7 Bb7 Eb Eb7
mor - gen kön - nen sie ge - scheh'n!
Ab Bb7 Gm Cm
Wun - der gibt es im - mer wie - der, wenn sie dir be -
Fm7 Bb7 Bb7/9-
geg - nen mußt du sie auch
1. Eb Eb4 Eb
seh'n!
2. Eb Eb7
seh'n!
D.S. al
Eb Db6 Eb Db6 Eb Db6 Eb4 Eb
seh'n!